I0488681

Contenu De Masse Pour Votre Blog: 1 Heure/Jour Pour Créer 7 Articles, 5 Vidéos Et 1 Produit Chaque Semaine Et Créer Un Blog D'Autorité Ultra Rentable.

TABLE DES MATIÈRES

INTRODUCTION.

Félicitations et bienvenue dans cette formation qui va remettre en cause tout ce que vous avez vu jusqu'à présent sur la création de contenu, d'articles, de produits ou de vidéos pour votre blog.

Vous allez en effet découvrir un système radical, qui n'a absolument rien à voir avec ce que tout le monde fait en matière de création de contenu.

Ce système va vous permettre de créer 7 articles, 5 vidéos et 1 nouveau produit chaque semaine, en ne travaillant que 1 heure par jour, du Lundi au Vendredi.

Le gros problème de la création de contenu n'est pas la création de contenu en tant que telle, mais tout ce qui est collatéral et qui dévore le temps de la très grosse majorité des gens.

En effet, la plupart des blogueurs ne passent que 20% à la création de contenu à proprement parler (articles, vidéos, produits...), et perdent 80% du reste en tâches qui n'apportent absolument aucune valeur ajoutée.

Parmi elles, vous avez le temps incroyablement long à rechercher un sujet qui peut avoir du succès, le temps de relecture et de mise en forme une fois que vous avez créé le brouillon de votre article, ou encore le temps nécessaire à publier cet article, cette vidéo ou ce produit sur votre site web et le partager.

C'est d'ailleurs l'énorme problème de la grande majorité des blogueurs qui n'arrivent pas à faire décoller leur trafic et leur revenu car ils n'ont pas assez de contenu par le fait de se consacrer presque uniquement sur des tâches à non valeur ajoutée.

Maintenant, imaginez tout le contraire.

Imaginez-vous avoir entre vos mains un système qui vous permettre d'être un créateur de contenu à 100% ou 99%de votre temps, sans avoir ces 80% de tâches qui n'apportent pas de valeur ajoutée.

Imaginez-vous vous lever le matin, et prendre un sujet parmi les centaines que vous avez générés à la demande.

Puis, vous vous concentrez uniquement sur la rédaction d'un brouillon en suivant un plan tout fait, qui rend le travail aussi facile que ce que font les enfants quand ils font des dessins en reliant des points numérotés.

Dix ou quinze minutes après, votre brouillon est fini.

Et tout ce qui suit, ce n'est plus vous qui intervenez. Car tout sera totalement automatisé, de la relecture, la mise en page et la publication.

Ce système n'est pas une utopie. C'est celui que vous avez dans les mains actuellement.

Il va se dérouler en 4 modules dont voici le détail :

Module #1
Dès la fin du premier module, vous saurez littéralement générer des idées de sujets à la demande.

Vous aurez déjà une liste de plus de 365 idées de sujets que vous pourrez utiliser pour produire du contenu aussi bien gratuit que payant pendant plus d'un an.

Vous n'aurez pas besoin de plus d'une heure à deux pour créer toutes ces idées de sujets.

Module #2
Dès la fin du deuxième module, vous maîtriserez des plans qui vont vous permettre de créer en un temps record un article, une vidéo ou un produit de formation irrésistible à partir de n'importe quel sujet, même un sujet qui semble très simple voire bateau.

Grâce à ces structures, vous serez totalement autonome et vous serez en mesure de créer votre contenu en mode brouillon en un temps record, aussi facilement que si vous deviez relier des points numérotés pour faire un dessin comme le font les enfants.

Votre travail de créateur de contenu s'arrêtera là, et tout ce qui suit va être totalement automatisé ou sous-traité.

Ceci fera l'objet des modules 3 et 4.

Module #3
Au terme de ce troisième module, tout le traitement (relecture, édition, mise en page etc.) de votre contenu en mode brouillon sera effectué en mode automatisé, pour aboutir à sa version finie.

Vous aurez donc votre contenu sous sa forme finale (article, vidéo, produit), et prêt à l'emploi ou à la vente, sans que vous n'ayez eu besoin d'intervenir.

Module #4
A la fin de ce module, la publication de votre contenu sera totalement automatisée.

Que vous ayez créé un article, une vidéo ou un produit, celui-ci sera publié, partagé ou planifié automatiquement, sans avoir besoin de votre intervention.

Si vous appliquez cette méthode, vous allez obtenir à terme des résultats bluffants.

Vous serez capable de produire chaque semaine 7 articles, 5 vidéos et 1 nouveau produit de formation très facilement car tout le travail collatéral aura été fait pour vous par ce système.

Vous allez ainsi pouvoir vous concentrer à 100% ou presque sur la création de contenu et de valeur.

Vous allez ainsi voir votre trafic augmenter de manière drastique et voir vos revenus être multipliés par 3, 4 ou 5 tout en ayant la méthode la plus simple, facile et rapide pour avoir ce résultat.

Voyons tout de suite le module 1 en page suivante.

MODULE #1: COMMENT GÉNÉRER DES SUJETS IRRÉSISTIBLES À LA DEMANDE.

A la fin de ce module, vous saurez littéralement générer des idées de sujets à la demande, même si vous pensez avoir déjà essoré tous les sujets de votre thématique.

Vous découvrirez la limite exacte à fixer pour différencier le contenu gratuit du contenu payant.

Puis vous apprendrez 3 techniques qui vont vous permettre très facilement de générer plus de 365 idées de sujet irrésistibles, en une heure à deux heures.

Vous n'aurez donc plus jamais de problèmes pour trouver des idées de sujets sur le long terme, et vous pourrez dire définitivement adieu au manque d'inspiration et au syndrome de la page blanche.

Comment facilement générer de nouvelles idées de sujets même si on pense avoir déjà parlé de tout.

Au début d'un blog, il est très facile de trouver des idées de sujet.

Souvent, la plupart des blogueurs va commencer par traiter les sujets de référence de leur thématique.

Par exemple si votre blog est dans la thématique du webmarketing, vous allez comment par créer un article pour expliquer comment créer un produit, comment faire un split-test, comment avoir du trafic, ou encore comment gérer les réseaux sociaux.

Les idées de sujets de sujet sont évidentes les première semaines et même les premiers mois car vous avez de la matière sur quoi parler.

Le problème arrive une fois que vous avez tout essoré et couvert tous les sujets de référence en long, en large et en travers.

C'est alors là qu'arrive le fameux syndrome de la page blanche, et vous ne savez plus quoi écrire.

Vous commencez alors souvent à faire des articles un peu "réchauffés", qui perdent de l'intérêt et dans lesquels vous mettez moins de passion.

Comment sortir alors de cette impasse puisque vous avez déjà parlé de tout ?

Ce qu'il faut savoir, c'est qu'au lieu de raisonner en termes de catégories vous allez raisonner en termes de besoins.

Par exemple si on reprend le cas d'un blog sur le webmarketing, plutôt que de prendre chacune de vos sous-thématiques et de vous dire *"Tiens si je faisais un article sur le trafic web, ou si je faisais un article sur l'email marketing, ou si je faisais un article sur les réseaux sociaux etc."*, vous allez plutôt raisonner en termes de besoins.

Ainsi, vous allez vous mettre à la place des gens en face de vous et vous poser la question suivante :

"Si j'étais à la place des gens qui me suivent et s'il y avait quelque chose de parfait pour moi, qu'est ce que ça serait ?"

Autrement dit, plutôt que par exemple de créer un produit et vous demander ensuite comment vous allez en faire la promotion, vous allez ici d'abord vous mettre à la place de la personne et vous demander :

"S'il y avait quelque chose (une information, un produit) que vous pourriez leur proposer et qui serait idéale pour eux, qu'est ce que ça serait ?"

On va donc partir des besoins des gens et vous allez voir un peu plus loin dans ce module des techniques qui vont vous permettre de générer toute une liste d'idées de sujets à utiliser pour vos articles et vos produits.

Mais avant, ça, voyons comment distinguer et fixer la limite entre le contenu gratuit et le contenu payant.

Comment fixer la limite entre le contenu gratuit et le contenu payant.

Le problème qui se pose souvent est de savoir quoi donner gratuitement et quoi faire payer, et où s'arrête la limite entre les deux.

En effet, si vous décidez de donner du contenu gratuit nul et sans valeur ajoutée ou très peu, vous n'allez pas faire de ventes. Les gens vont se dire que vu la qualité de votre contenu gratuit, le contenu payant ne va pas valoir mieux. Du coup, ils n'achèteront jamais même si vos produits sont géniaux.

D'autre part, si vous donnez du contenu gratuit à très haute valeur ajoutée et que votre contenu payant n'est pas terrible, les gens achèteront peut-être une seule fois, mais vous n'arriverez pas à les fidéliser car ils auront été déçus par leur premier achat.

Ce qu'il faut savoir, c'est que cette limite entre gratuit et payant ne se situe pas au niveau de la qualité mais à un autre niveau. Et de la même manière que l'on raisonnait en termes de besoins dans la partie précédente, on va ici réfléchir d'une nouvelle façon.

Ainsi, on va à nouveau se mettre à la place des gens et se demander ce qu'ils ont envie de voir quand ils vont sur un blog ou sur Youtube, et ce qu'ils s'attendent à avoir quand ils payent pour un produit.

Quand on réfléchi comme ça, on se rend compte que l'histoire de la qualité du contenu n'existe même pas.

En effet, quand les gens payent pour un produit d'information, ce qu'ils veulent ce n'est pas de l'information.

D'ailleurs, beaucoup de blogueurs se plaignent de ne pas réussir à vendre de l'information car la plupart des informations sont disponibles sur Google.

En réalité, ce que recherchent les gens qui payent sont des solutions. En d'autres termes, ce que les gens cherchent c'est une solution concrète pour passer d'un point A jusqu'à un point B.

En revanche, ils cherchent totalement autre chose lorsque le contenu est gratuit. Ils vont plutôt chercher à voir ou lire quelque chose de divertissant, d'étonnant, à voir des débats.

Ils vont aussi parfois chercher à apprendre un petit truc ou une petite astuce, mais pas dans la même mesure que pour un contenu payant pour aller d'un point A et un point B en pas-à-pas.

Ce sont donc ces choses là, où vous amenez les gens en pas-à-pas d'un point A vers un point B, vous allez les réserver aux gens qui payent.

Vous allez donc leur vendre uniquement des contenus qui sont formatés en étapes pas-à-pas d'un problème vers une solution, et tout le reste vous allez le mettre gratuitement.

De cette manière, vous pouvez même décliner un contenu.

Prenons un exemple :

Admettons que vous ayez une technique qui permette de convertir 15% des visiteurs d'une page en clients instantanément, et que vous souhaitiez créer du contenu autour de ça.

Pour créer un contenu payant, vous allez partir d'un point A où les gens n'ont aucun client et les amener, au travers d'une suite d'étapes toujours organisées de manière chronologique, vers un point B où ils ont 15% des gens qui vont sur la page et deviennent clients.

Pour créer du contenu gratuit, vous allez prendre un petit truc dans la technique et créer un article avec ça, par exemple :

- Les 4 erreurs qui vous empêchent d'avoir 15% des visiteurs en clients.

- Pourquoi la plupart des gens ont une page de vente qui converti à moins de 15%.

Vous pouvez aussi faire un article un peu choc et ouvrir un débat, en donnant votre opinion sur une autre technique que les gens utilisent mais qui ne fonctionne pas, etc.

Le gros avantage de décliner un contenu de cette manière, c'est que non seulement vous allez pouvoir facilement créer plusieurs types d'articles gratuits, mais vous allez aussi pouvoir les utiliser pour faire passer les gens vers votre contenu payant.

Une fois que vous avez séparé le contenu payant du contenu gratuit, voyons voir maintenant comment générer ces fameuses idées d'articles.

Les 3 techniques à connaître pour générer plus de 365 idées de sujet à la demande.

Avec les trois techniques que vous allez découvrir, vous allez pouvoir générer des idées de sujet à la demande, et générer facilement plus de 365 idées en une heure ou deux heures.

Nous allons voir ces trois techniques dans les pages suivantes.

Technique n°1 : explorer les besoins

Cette première technique est l'une des plus efficaces pour faire du brainstorming et consiste simplement à se mettre à la place des gens et à se dire :

- Ah, si seulement j'avais X.

- Ah, si seulement j'étais Y.

- Ah, si seulement je pouvais Z.

Maintenant, vous allez reprendre chacune de vos catégories ou sous-thématiques, et vous allez lister pour chacune de ces catégories 20 sujets différents en utilisant les trois phrases ci-dessus.

Par exemple si votre blog porte sur la thématique du webmarketing, vous avez peut-être une catégorie sur la génération de trafic, une autre sur les réseaux sociaux, une autre encore sur l'email marketing ou une catégorie sur la création de produits etc.

Pour chaque catégorie, listez 20 sujets en vous posant les questions *"ah, si seulement si..."*.

Par exemple si on prend la catégorie de l'email marketing, le premier qu'on peut trouver est *"ah, si seulement j'avais 25 000 inscrits à ma mailing list."*, puis un deuxième *"ah, si seulement je pouvais avoir un taux d'ouverture de mes emails supérieur à 80%."*, etc., jusqu'à en lister 20.

Puis, pour chacun de ces 20 *"ah, si seulement..."*, vous allez décliner ça en autant d'idées de sujets que possible, et au minimum 5.

Par exemple si on reprend le premier de la liste : *"ah, si seulement j'avais 25000 inscrits à ma mailing list."*

Vous allez décliner ça en un maximum d'idées de sujet tels que *"Comment avoir 25 000 inscrits à sa mailing list"*, *"l'erreur qui empêche les gens d'avoir 25 000 inscrits à leur mailing list"*, *"quels outils utiliser pour avoir 25000 inscrits à sa mailing list"*, etc.

Vous pouvez voir que rien que pour une seule catégorie, vous avez généré au minimum 20 x 5 = 80 idées d'articles.

Si vous avez ne serait-ce que 5 catégories dans votre blog, vous aurez alors généré 80 x 5 = 400 idées d'articles.

Vous pouvez de cette manière avoir déjà en une heure ou deux 400 idées de sujets pour votre blog, rien qu'avec cette simple technique.

Utilisez-là dès maintenant sur votre thématique et vos catégories avant de passer à la deuxième technique.

Technique n°2 : utilisez les ressources externes

La meilleure ressource externe à utiliser est probablement Amazon.

En effet, Amazon permet de regarder gratuitement à l'intérieur les 10 premiers pourcents de n'importe quel livre en cliquant sur la couverture, afin de voir comment le livre est fait avant de l'acheter. Ça s'appelle la fonctionnalité *"Feuilleter"* ou *"Look Inside"* en anglais.

Vous allez donc vous servir de cette fonctionnalité pour récolter des idées de sujets.

Ce que je vous recommande est d'aller d'entrée de jeu sur l'Amazon anglais, car il y a beaucoup plus de livres et de guides pratiques en anglais qu'en français sur n'importe quelle thématique.

Ainsi, pour chacune de vos sous thématiques (par exemple email marketing, génération de trafic, réseaux sociaux etc..), vous allez choisir 5 livres et consulter leur table des matières qui se trouve au tout début et à laquelle vous aurez accès.

Et pour chacun des livres que vous consultez, vous allez noter toutes les idées de la table des matières que vous pourrez transformer en articles.

De cette manière, vous allez déjà pouvoir lister peut-être une cinquantaine ou plus d'idées d'articles pour une seule de vos sous-thématiques.

Appliquez maintenant cette technique sur chacune de vos sous-thématiques avant de passer à la technique suivante.

Technique n°3 : le brainstorming horizontal/vertical

Le brainstorming horizontal/vertical consiste à prendre un sujet et à démultiplier les sujets par transposition.

Par exemple, prenez un article ou un produit qui de préférence a cartonné et eu beaucoup de succès.

Admettons que vous choisissiez un produit sur *"la méthode pour apprendre à jouer du piano sans connaître le solfège"*.

Le brainstorming horizontal consisterait à garder la même promesse mais avec un instrument de musique différent.

Par exemple, *"la méthode pour apprendre à jouer de la guitare sans connaître le solfège"*, ou *"la méthode pour apprendre à jouer de l'harmonica sans connaître le solfège"*.

Le brainstorming vertical consisterait à garder le même instrument, mais à changer la promesse et d'étendre la collection de ce que vous avez fait autour du piano.

Par exemple, *"la méthode pour apprendre le piano en fermant les yeux"*, ou *"la méthode pour apprendre le piano avec les pieds"* ou *"la méthode pour apprendre à jouer du piano en 24 heures"*.

Si on prend un sujet sur le webmarketing, on aurait par exemple un article qui a cartonné et qui explique *"comment générer 20000 inscrits à votre mailing list en 7 jours"*.

Le brainstorming horizontal serait par exemple de dire :
"comment générer 20000 visiteurs en 7 jours" ou
"comment générer 20000 clients au bout de 6 mois", etc.

Le brainstorming vertical consisterait, si l'article à été fait sur l'emailing, à creuser l'emailing.

Par exemple : *"comment générer un taux d'ouverture de 80% de votre mailing list en 7 jours"*, ou *"comment créer une séquence de follow-up pour votre mailing list en 30 minutes"*.

Après, comme on en a parlé à la technique n°1, vous pouvez aussi décliner ces sujets.

Vous pouvez donc à partir d'un même sujet, faire :

- Soit une formation, en passant d'un problème A vers une solution B avec des étapes chronologiques qui permettent d'aller du problème jusqu'à la solution.

- Soit un article, en parlant des erreurs. Par exemple, *"les 4 erreurs que les gens font pour X ou Y"*.

- Soit un article d'opinions, en prenant une des choses les plus controversées et polémiques sur le sujet, et vous donnez simplement votre avis. Si vous recherchez des interactions sociales sur Facebook ou Twitter, ce genre d'article vous garanti d'en avoir.

- Utiliser une structure telle que *"comment X sans Y"*, avec X étant la solution qu'on veut obtenir et Y l'obstacle numéro 1. Ce type de structure fonctionne très bien pour créer un produit de formation que vous allez vendre. Par exemple : *"comment perdre du poids sans faire de régime"* ou *"comment arrêter de fumer sans effet de manque"*.

- Utiliser une structure telle que *"comment X en Y"*, avec X étant la solution qu'on veut obtenir et Y un cadre temporel. De même ce type de structure est excellent pour des produits à vendre. Par exemple : *"comment apprendre la guitare en 24 heures"*. D'une manière générale, tout ce qui est précis avec des étapes fonctionne très bien.

Ceci termine ce premier module.

Vous avez déjà à la fin de ce module plusieurs centaines de sujets prêts à l'emploi.

Je vous conseille ainsi de passer plusieurs sessions de 20 à 30 min pour en lister un maximum.

Vous devriez très facilement pouvoir arriver à générer 200 à 300 idées de sujets d'articles en seulement quelques sessions, peut-être même jusqu'à 500 si vous avez beaucoup d'idées.

En clair, vous avez largement de quoi rédiger des articles sur un an sur un blog et de quoi faire des tonnes de nouveaux produits de formation, simplement en utilisant ces techniques-là.

Une fois que vous avez maintenant tous ces sujets, on va voir dans le prochain module comment créer du contenu autour de ça le plus facilement et rapidement possible en utilisant des structures qui fonctionnent.

Vous allez donc avoir des plans pour créer un article, une vidéo ou un produit de formation aussi simplement que si vous aviez à relier des points numérotés pour faire un dessin.

MODULE #2: STRUCTURES DE PLANS POUR CRÉER VOTRE CONTENU (ARTICLE, VIDÉO, PRODUIT) LE PLUS FACILEMENT ET RAPIDEMENT POSSIBLE.

Suite au premier module, vous avez normalement listé plusieurs centaines d'idées de sujets d'articles, de produits ou de formations.

Il reste maintenant à créer votre contenu en transformant ces idées en articles.

Ainsi, quand vous commencez votre article ou que vous êtes devant la caméra, vous évitez déjà à moitié le syndrome de la page blanche car vous savez de quoi vous allez parler.

Simplement, cette formation a pour but de vous faire gagner du temps dans tout ce qui est collatéral et à côté de la création de contenu pure.

En effet, le gros soucis en général à ce stade est que même si vous avez un sujet, vous ne savez pas forcément comment on démarrer votre article. Ou parfois, vous écrivez la première ou deuxième phrase et vous vous retrouvez bloqué à ne plus savoir où aller.

Du coup, vous passez beaucoup trop de temps à réfléchir à ce que vous allez écrire et à la structure plutôt qu'à créer ce contenu.

Vous allez voir dans ce module des modèles de plan que vous allez pouvoir utiliser pour créer votre contenu le plus facilement et le plus rapidement possible, aussi simplement que si vous reliez des points numérotés pour faire un dessin, comme le font les enfants.

Grâce à ces modèles plans et templates, vous allez pouvoir transformer n'importe quel sujet en contenu long (articles, vidéos ou produits de formation), même si vous pensez que le sujet est bateau ou que vous ne pouvez écrire que deux lignes maximum avant d'en avoir fait le tour.

De plus, ces plans vont permettre de transformer n'importe quel sujet en quelque chose d'émotionnel et irrésistible, car ils se basent sur la théorie du contraste.

Avant de découvrir ces plans, il convient donc de bien comprendre cette théorie très importante sur laquelle ils sont basés.

La théorie du contraste pour fabriquer de l'émotion dans vos contenus.

Les gens sont aujourd'hui de gros consommateurs de contenu.

La plupart du temps qu'ils passent en divertissements se fait soit devant la télé, devant des films ou encore devant des livres dans une mesure plus faible.

Il se trouve que dans chacun de ces divertissements, il y a des histoires qui sont conçues à 90% selon le même plan et la même structure.

Ce qu'il faut bien comprendre, c'est que les gens sont d'énormes consommateurs d'histoires, et qu'ils payent pour ce qui leur donne des émotions.

C'est pourquoi lorsque les gens payent pour voir un film au cinéma ou achètent un livre, ils payent pour être émus. Ce qu'il faut savoir, c'est que l'émotion peut-être fabriquée de toutes pièces.

De la même manière, vous pouvez fabriquer de l'émotion avec votre papier et votre crayon sur votre bureau, parce que l'émotion correspond toujours au même plan.

On en vient à l'idée du contraste, qui est utilisé dans tout ce qui nous émeut.

Le contraste constitue en effet la base de tout ce qui nous émeut, et c'est d'ailleurs pour ça qu'on le retrouve un peu partout, par exemple dans toutes les formes d'arts.

On retrouve le contraste en peinture ou en photo avec le contraste entre flou et netteté, ou le contraste entre ombre et lumière qui explique pourquoi on se retrouve souvent touché par un beau coucher de soleil.

On retrouve aussi le contraste dans la musique, avec l'alternance de séquences lentes et calmes et de séquences rapides et puissantes.

On retrouve également le contraste dans les films, où l'histoire commence normalement, puis il arrive un moment où survient une catastrophe et la personne se retrouve au fond du gouffre.

Ensuite, les choses semblent s'arranger un peu et le moral remonte, mais il arrive un nouvel évènement qui met la personne dans une situation encore pire que la première.

Puis arrive quelque chose d'inattendu qui la sort de la situation et tout s'arrange.

De la même manière, vous pouvez fabriquer de l'émotion en créant du contraste dans votre contenu par exemple en parlant du positif mais aussi du négatif. En parlant de vos succès et réussites mais aussi de vos échecs et de vos galères, etc.

Les plans que vous allez découvrir sont basés sur les contrastes et vont vous permettre de fabriquer l'émotion.

Structure de votre plan de base.

Vous allez voir ici le plan de base que vous pouvez utiliser et adapter pour tous vos contenus, que ce soit du texte ou de la vidéo.

Il est constitué de 9 étapes, que vous allez voir en pages suivantes.

Etape 1: pourquoi ils doivent savoir ça (promesse)

Dans la première partie vous allez vendre ce qui suit, c'est-à-dire faire en sorte que les gens restent à vous écouter ou à vous lire.

Vous allez ici leur dire pourquoi ils doivent savoir ce qu'ils vont voir ou lire.

Vous allez alors exciter leur curiosité en leur disant ce qui est **unique** et **différent** dans ce qui va suivre.

Par exemple :

"Dans les lignes ou minutes qui suivent, je vais vous montrer un truc différent de tout ce que vous savez sur X. Vous ne trouverez ça nulle part ailleurs et totalement nouveau parce que..."

Etape 2: problème

Vous allez ensuite leur parler du problème en secouant le problème de façon émotionnelle.

Par exemple :

"Vous avez peut-être essayé de jouer du piano seulement vous n'y connaissez rien en solfège, c'est vraiment l'horreur car vous êtes complètement bloqué à cause de ça etc."

Etape 3: recherche d'une solution, la quête. (optionnel)

Cette étape est facultative.

Vous avez ici deux options, soit en reliant ça à votre histoire, soit en reliant ça à la personne qui vous lit.

Option 1 - vous

Vous allez ici raconter l'histoire de votre découverte, de votre traversée du désert qui précède la solution que vous avez trouvée.

Par exemple :

"J'étais dans cette situation avec ce problème là il y a 4 ans. J'en avais marre et c'était vraiment l'horreur. J'ai essayé de trouver des trucs pour en sortir mais rien n'a marché, jusqu'à ce que je tombe sur cette solution."

Option 2 - la personne qui vous lit

Vous allez ici parler des fausses solutions et des choses qu'elle a essayé avant et qui n'ont pas fonctionné.

Par exemple :

"Vous avez peut-être essayé telle ou telle chose mais ça n'a pas marché."

Etape 4: résistances/accuser. (optionnel)

Cette étape est aussi optionnelle comme l'étape 3.

Vous allez parler ici des résistances et accuser les gens qui ont contribué au fait qu'on a pas réussi.

Par exemple :

"Vous avez essayé X, Y et Z et ça ne fonctionne pas. C'est normal ce n'est pas de votre faute mais de celle de l'industrie du tabac etc."

Etape 5: amener la solution (théorie)

Vous allez ici amener la solution en expliquant d'abord la théorie.

Vous allez expliquer pourquoi est ce que ça marche, pourquoi et comment ça fonctionne etc.

Par exemple :

"Cette technique se base sur les travaux de tel chercheur qui a démontré qu'il était possible de Y. Elle fait appel à tel mécanisme cérébral, utilise le principe de gravité etc."

Etape 6: comment faire ça chez vous (pratique)

Vous allez leur expliquer maintenant la pratique, en leur expliquant comment ils peuvent faire ça chez eux.

Vous allez alors donner les étapes pour le faire.

Par exemple :

"Dans l'étape 1, vous allez faire ci et ça. Dans la deuxième étape, vous déclencherez telle ou telle chose. Dans la troisième étape, etc."

Limitez-vous au maximum à 7 étapes.

En effet, des études montrent que les gens retiennent rarement ce qui dépasse les 7 étapes. De plus, un titre qui propose 34 étapes ne va pas forcément être attirant et sembler trop laborieux.

Vous allez donc leur dire comment faire ça chez eux en X étapes.

Etape 7: ce qui peut arriver s'ils ne le font pas (optionnel)

Cette étape ainsi que les deux autres étapes qui suivent sont optionnelles.

Vous allez dire ce qui peut arriver aux gens s'ils ne font pas ce que vous avez dit.

Par exemple :

"C'est peut-être la seule chance que vous avez de perdre du poids si rapidement sans faire de régime, et voilà ce qui peut vous arriver si vous ne le faites pas. Vous risquez encore de vous priver et d'avoir le moral à zéro avec des efforts monstres. Vous risquez de garder vos kg encore des années et avoir tous les risques de maladies qui s'ensuivent etc."

Etape 8: ce qui va arriver s'ils le font (optionnel)

Vous pouvez parler ici des résultats immédiats et aussi à long terme.

Par exemple :

"Dès le premier jour de l'arrêt du tabac avec cette méthode, vous allez déjà respirer beaucoup mieux. Le deuxième jour, vous verrez toutes les saveurs et odeurs revenir petit à petit. Au bout de 6 mois, vous aurez retrouvé des poumons de jeune homme, et pourrez courir un véritable marathon sans vous sentir essoufflé etc."

Etape 9: étendre (optionnel)

Vous allez leur montrer ici comment utiliser cette technique sur quelque chose de plus vaste, comment étendre cette technique à un autre domaine.

.

Vous pouvez également adapter cette structure en enlevant des points optionnels ou en les mélangeant différemment.

Cela dit, il est bien évident que si vous avez un plan comme celui-ci devant vos yeux, vous allez pouvoir transformer n'importe quel sujet en contenu long de 10 ou 20 minutes, même un sujet bateau sur lequel vous ne pensiez à la base ne pouvoir rédiger que deux lignes maximum.

Vous allez ainsi voir dans la partie suivante comment utiliser ce plan de base pour créer un produit de formation très simplement.

Structure du plan d'un produit de formation en utilisant le plan de base.

Si vous créez un produit de formation, vous pouvez utiliser le plan de base vu précédemment, et construire chacun des modules de votre produit autour de ce plan de base.

Autrement dit, pour créer le plan d'un produit de formation en 4 modules, vous avez simplement besoin de lister un sujet par module et c'est tout, votre plan est fait.

Et ensuite pour chaque module, vous déroulez simplement votre plan de base selon les étapes : 1- pourquoi est ce que vous devez savoir ça, 2- les problèmes, etc.

Ainsi pour chacun des modules, vous avez simplement besoin de préparer chaque étape du plan de base.

Cela ne devrait pas vous prendre plus de 3 minutes par étape, si vous connaissez le sujet bien évidemment.

En effet, cela n'inclut pas le temps que vous passez sur la recherche si vous ne connaissez pas le sujet. Cette formation s'adresse principalement à des personnes qui connaissent leur sujet et qui ont du mal à transformer leur idées en contenu qu'ils peuvent vendre ou diffuser.

Avec ce plan, vous pouvez donc aller partout et vous pouvez aussi l'utiliser sous sa version simplifiée, comme on va le voir en partie suivante.

Version simplifiée en 4 étapes du plan de base.

Voici la version simplifiée du plan de base, qui n'inclut aucune des étapes optionnelles :

1- Pourquoi ils doivent savoir ça (promesse)

Vous reprenez l'étape 1 du plan de base en commençant par faire une promesse et leur dire pourquoi est-ce qu'ils doivent savoir ça, et en quoi c'est unique et différent.

2- Problèmes

Vous reprenez l'étape 2 du plan de base en parlant des problèmes et en les secouant de manière émotionnelle.

3- Amener la solution (théorie)

Vous reprenez l'étape 5 du plan de base en expliquant la théorie.

4- Comment faire ça chez vous (pratique)

Vous reprenez l'étape 6 du plan de base en expliquant les étapes pratiques pour faire ça chez eux.

Vous avez ainsi un tout petit plan en 4 étapes, qui peut vous servir pour des petits articles ou pour des emails où vous apprenez quelque chose aux gens, sans pour autant passer par toutes les étapes optionnelles (même si l'histoire de la découverte ajoute énormément au caractère émotionnel de votre contenu).

Ceci termine ce deuxième module.

Vous avez à ce stade terminé la création de votre contenu en mode brouillon (article, vidéo, produit de formation) de la manière la plus simple et la plus rapide, grâce aux structures de plan que vous avez vues ici.

Vous allez maintenant voir dans le module suivant tout ce qui intervient après la création de ce contenu en mode brouillon, ou après l'enregistrement d'une vidéo que vous avez réalisé rapidement, et voir comment transformer ça en quelque chose de diffusable et vendable et le mettre sous sa forme finale.

MODULE #3: RELECTURE ET MISE EN FORME FINALE DE VOTRE CONTENU.

A ce stade, vous avez donc déjà des centaines de sujets, et rédigé lors du module 2 au moins un ou plusieurs articles en mode brouillon, ou réalisé une vidéo "brute de décoffrage" sans l'avoir éditée.

Il reste maintenant à faire ce qui suit, c'est-à-dire à faire la relecture ou la préparation de cette vidéo ou de cet article pour l'obtenir sous sa forme définitive et prête à la diffusion ou à la vente, en mode le plus automatisé possible.

En effet, vous pourriez certes faire la relecture de votre article ou l'édition par vous-mêmes.

Mais n'oublions pas que l'idée ici est de vous libérer un maximum de cerveau disponible et de temps disponible pour avoir l'esprit dédié à 100% à la création de contenu.

Ainsi, si vous arrivez à vous concentrer à 100% sur la création de contenu sans vous embarrasser de problèmes techniques ou autres qui n'ont rien à voir, votre esprit va baigner dedans en permanence et vous serez beaucoup plus efficace.

Vous obtiendrez ainsi une différence énorme dans la qualité du contenu que vous allez créer ou encore les idées de sujet que vous trouverez.

Ça permet ainsi de se recentrer sur l'essentiel avec la fameuse règle des 80/20, où 80% des résultats que vous obtenez sont souvent liés aux 20% des actions que vous mettez en place.

Autant donc supprimer les 80% restants par exemple en les automatisant ou les simplifiant, et étendre le temps disponible ainsi obtenu pour pouvoir multiplier vos résultats.

Voyons voir maintenant comment faire le traitement d'un article en mode brouillon, puis ensuite d'une vidéo que vous avez tournée sans l'éditer, en y passant un minimum de temps.

Traitement d'un article le plus rapidement possible.

L'écrivain bien connu Ernest Hemingway utilisait le conseil de cette simple phrase lorsqu'il écrivait :

"Write drunk, edit sober."

En français, cela signifie écrivez saoul, éditez sobre.

En d'autres termes, ça veut dire qu'on peut décomposer la rédaction d'un article en deux étapes :

Etape 1- rédiger d'une traite

La première étape de la rédaction consiste à rédiger tout votre article d'une traite, sans jamais s'arrêter.

Vous allez donc vous forcer à tout écrire d'une traite, sans jamais revenir en arrière en vous disant que peut-être vous auriez pu tourner votre phrase différemment ou utiliser un autre mot.

C'est exactement ce que font un bon nombre d'auteurs à succès.

Pour aller encore plus loin, ils se forcent même à utiliser un minuteur pour battre leur record de mots à la minute.

Ce n'est qu'après avoir tout écrit, que vous allez passer à la deuxième étape.

Etape 2- relecture

Cette deuxième étape consiste à faire la relecture et faire marcher le cerveau analytique.

En effet, il y a deux types d'intelligence.

Le premier type est le cerveau gauche qui est le cerveau analytique avec lequel on calcule et on raisonne. C'est ce cerveau qu'on va utiliser pour relire l'article et analyser les fautes.

Le problème avec le cerveau gauche est qu'il n'est absolument pas créatif.

C'est la raison pour laquelle l'état d'esprit dans lequel on est quand on est créatif et quand on réfléchi est complètement différent.

C'est aussi la raison pour laquelle on a très peu d'idées créatives lorsqu'on est coincé devant un ordinateur et qu'on essaie de trouver une idée de sujet. Au contraire, il faut sortir, s'aérer et se laisser aller.

C'est pour ça qu'on va utiliser le cerveau droit qui lui est créatif pendant la phase de rédaction d'une traite, d'où l'importance de séparer ces deux étapes.

L'autre avantage c'est que vous n'avez réellement besoin de faire que la première étape de création qui consiste à rédiger d'une traite, et faire sous-traiter la deuxième étape liée à la relecture.

Ainsi, votre job en tant que créateur de contenu se résume simplement à faire des brouillons, ce qui va vous permettre de travailler 5 à 10 fois plus vite que les autres.

Vous avez simplement besoin de rédiger tout d'une traite.

Et si vous n'aimez pas rédiger, vous pouvez aller encore plus vite simplement en vous enregistrant les différentes parties avec un dictaphone en audio, et en envoyant cet audio à un transcripteur.

Vous pouvez facilement trouver un transcripteur à 1 euro la minute environ, qui ne fera que retranscrire.

Avec 1,5 euro, le même transcripteur peut non seulement retranscrire mot-à-mot, mais va en plus reformuler vos phrases pour donner un contenu propre et bien formulé qui fait professionnel.

Si vous préférez rédiger, vous pouvez de la même manière envoyer votre brouillon à un relecteur au lieu d'un transcripteur.

Vous avez ainsi plein de prestataires que vous pouvez trouver à des prix très abordables, tels que fiverr.com ou elance.com.

Vous pouvez aussi chercher dans vos connaissances ou des étudiants qui se feront un plaisir de relire et corriger les brouillons de vos articles.

Ce ne sont peut-être que quelques minutes de travail toutes les semaines, mais elles vous libèreront le cerveau.

Maintenant qu'on a vu comment faire le traitement de la rédaction, voyons voir comment faire le traitement dans le cas d'une vidéo.

Traitement d'une vidéo le plus rapidement possible.

Si vous faites de la vidéo, il y a plusieurs façons de créer cette vidéo rapidement.

Si vous n'êtes pas à l'aise et qu'il s'agit de vos premières vidéos, la meilleure façon est de créer une vidéo par partie, ce qui va vous permettre de vous mettre à l'aise.

En effet, le gros problème de la vidéo est qu'on commence une vidéo et au bout de 5 à 10 minutes on dit quelque chose qui n'est pas correct et on se dit qu'on doit tout recommencer.

Ainsi, plus on avance dans l'enregistrement de la vidéo et plus on vit dans le stress de devoir tout recommencer à zéro.

La première solution consiste à enregistrer la vidéo en parties, en reprenant le plan de base en 9 parties que vous avez vu au module précédent.

Vous pouvez alors enregistrer une vidéo de une ou deux minutes sur chacune de ces parties.

Ensuite quand vous allez éditer la vidéo, il vous suffira de coller ces différentes parties les unes à la suite des autres.

Il existe une technique qui permet de faire en sorte de mettre une partie après une autre sans avoir l'impression que la vidéo a été coupée.

Il suffit tout simplement de changer le zoom à chaque prise. Par exemple, si on vous voit jusqu'aux pieds ou jusqu'au bassin sur la vidéo de la première partie, vous changerez le zoom pour recarder uniquement sur votre tête et vos épaules pour enregistrer la deuxième partie de la vidéo. Puis vous referez à nouveau un zoom en arrière pour la troisième partie, etc.

Cette technique est vraiment excellente et on ne se rend pas compte à l'oeil qu'il y a eu des coupures.

Cela dit, de la même manière que pour un article de texte, vous pouvez automatiser l'édition de cette vidéo en la faisant sous-traiter.

Par exemple, une fois que vous avez tourné vos vidéos, vous pouvez directement les uploader sur Dropbox ou sur un serveur ftp, et avoir derrière une personne qui va récupérer les vidéos et les éditer.

Cette personne pourra alors vous les livrer pour un jour donné, et pourra même les uploader pour vous par exemple sur Youtube en suivant une procédure d'instructions que vous aurez créée à cet effet.

Rappelons-le à nouveau, l'idée est de recentrer votre métier et votre travail autour de la création de contenu et de ne faire que ça en étant uniquement un créateur de contenu aussi bien gratuit que du contenu que vous allez vendre.

Ainsi, vous pouvez trouver des gens qui assureront l'édition de vos vidéos brutes par exemple sur elance.com, et même uploader vos vidéos sur la plateforme que vous voulez.

Pour ça, il vous suffit de leur préparer par exemple un fichier texte avec une procédure avec toute une liste de choses à faire (1- éditer la vidéo de telle manière, 2- l'enregistrer à tel format, 3- l'uploader à tel endroit avec tel titre et telle description etc.).

Vous allez ainsi automatiser le processus, et commencerez déjà à travailler avec des systèmes qui vous permettent de ne jamais plus vous pencher sur tout ce qui est technique ou administratif, mais de vous concentrer à 100% sur la création de votre contenu.

Ceci termine le troisième module.

Vous avez donc à ce stade la version finalisée de votre article, produit ou vidéo, et vous savez comment faire le traitement (relecture, préparation de la vidéo etc.) pour passer du mode brouillon à la version finale de votre contenu.

Nous allons aller encore plus loin dans le quatrième module en parlant de la diffusion de votre contenu et en l'automatisant dans le module suivant.

Vous allez donc voir comment utiliser des processus pour passer d'un contenu finalisé à la publication, sans devenir une personne qui fait de la saisie de données ou qui passe son temps à maintenir un blog ou une chaîne Youtube.

MODULE #4: PUBLICATION DE VOTRE CONTENU.

Dans ce module, vous allez voir comment automatiser et simplifier tout ce qui va suivre la relecture.

Ce que vous avez vu jusqu'à présent, c'est que vous avez déjà listé plusieurs centaines d'idées de sujets.

Ensuite, vous avez probablement déjà rédigé un article ou réalisé une vidéo en mode brouillon, en utilisant des modèles de plans qui vous permettent de transformer même des idées simples en contenu de qualité que vous pouvez publier sur votre blog ou vendre en tant que produit.

Puis, vous avez vu comment relire tout ça et le mettre sous la forme définitive pour qu'il soit prêt à la publication.

Il reste donc maintenant à voir grâce à ce module la publication.

Encore une fois, beaucoup de gens se disent qu'ils peuvent s'occuper eux-mêmes de la relecture et de la publication plutôt que de les faire sous-traiter parce qu'ils peuvent le faire.

Cela dit, le problème n'est pas de savoir le faire ou pas.

Le problème est que si vous arrivez à vous concentrer à 100% ou au moins à 99% sur ce que personne d'autre que vous ne peut faire, alors vous avez du temps et du cerveau disponible pour faire baigner votre esprit dans ce qui compte vraiment, c'est-à-dire la création de contenu.

Par exemple, probablement que Mark Zuckerberg le créateur de Facebook est capable de passer l'aspirateur.

C'est dans ses capacités, de la même manière que c'est dans vos capacités de publier vos articles ou de les relire.

Maintenant, est ce que une heure du temps de Mark Zuckerberg apporte davantage à Facebook s'il travaille sur la stratégie et s'il fait son travail de patron, ou est-ce qu'il apporte davantage à Facebook s'il se met à passer l'aspirateur ?

Ainsi, très souvent ça vaut le coup de sous-traiter, surtout avec les prix très bas par exemple de la transcription audio qui coûte en général un euro par minute de transcription.

Parfois on ne gagnera peut-être pas forcément beaucoup de temps, mais on gagnera énormément en liberté d'esprit.

Cela étant dit, voyons voir maintenant comment gérer la publication.

Comment gérer la publication de votre contenu.

Pour gérer et systématiser la publication, vous pouvez dans un premier temps commencer par faire pour vous-même une procédure de publication.

Pour ça, vous pouvez soit utiliser un fichier texte, soit un système de formulaires.

Si vous utilisez un fichier texte, vous pouvez tout simplement vous créer une liste de points avec des cases à cocher, sur les étapes exactes à faire pour publier votre contenu (mettre votre article de blog en ligne, uploader votre vidéo sur telle plateforme et la partager sur Facebook, ajouter votre nouveau produit dans votre base de donnée etc.).

Ainsi, dès que vous avez réalisé une étape de votre procédure, il ne vous suffit plus que de la cocher.

Vous pouvez faire ça aussi en créant des formulaires tout prêts.

Par exemple, en particulier si vous faites de la vidéo, vous avez certainement des codes pour embarquer votre vidéo que vous recopiez tout le temps et où il suffit souvent de ne changer que l'identifiant de la vidéo dedans.

Si en plus vous avez en dessous de la vidéo un formulaire d'inscription à une mailing list, plus un titre et un sous-titre au dessus de la vidéo, vous pouvez très bien vous créer un formulaire dans lequel vous avez juste à rentrer le titre, le sous-titre et l'identifiant de la vidéo, et qui vous sort automatiquement le code complet prêt à copier dans votre article de blog.

Vous n'avez alors plus rien à réfléchir d'autre que ça.

Puis après, dans un second temps, vous pouvez le sous-traiter.

Cela dit, ce n'est pas obligatoire, car rien qu'en utilisant des procédures en ficher texte ou des formulaires comme on vient de voir, vous pouvez gagner un temps fou et gagner en sérénité.

Pour créer vos formulaires, vous pouvez utiliser des services comme Formstack ou Wufoo, qui vous permettent non seulement de créer vos formulaire mais aussi de modifier la page de confirmation.

Vous pourrez ainsi aussi insérer des variables dans la page de confirmation, ce qui vous permet avec quelques clics de faire un système d'automatisation de la publication.

Vous avez aussi des systèmes comme ifttt.com, qui vous permet de lier ensemble une liste de plusieurs tâches.

Les lettres ifttt signifient en anglais "if this, then that", ou en français "si ceci, alors cela".

Par exemple :

- Si vous avez uploadé telle image sur Dropbox, alors la publier sur Facebook.

- Si vous avez publié tel article sur votre blog, alors le partager sur Linkedin, Twitter, Facebook etc.

Ce service vous permet ainsi de connecter plusieurs services entre eux, tels que Wordpress, Paypal, Gmail, Facebook, et beaucoup d'autres.

Vous pouvez de cette manière préparer des processus pour automatiser la publication et tout ce qui va suivre la publication, c'est-à-dire la promotion de votre contenu.

Ceci termine le dernier module qui vous a permis d'automatiser au maximum la publication de votre contenu.

Il reste à conclure cette formation en page suivante.

CONCLUSION.

Vous avez maintenant tout ce qu'il vous faut pour devenir un créateur de contenu à 99% et pouvoir passer 99% de votre temps sur la création de contenu.

En effet, vous disposez de tous les outils qui vous permettent d'avoir des sujets d'articles, de rédiger des articles, de faire des produits de formation ou de faire des vidéos très facilement et le plus rapidement possible, sans avoir à faire les tâches collatérales techniques ou administratives qui n'apportent pas de valeur ajoutée.

Ceci va vous permettre de n'avoir à travailler que rarement plus de 5 heures par semaine, à raison de une heure par jour du Lundi au Vendredi, tout en créant 7 articles, 5 vidéos et 1 produit de formation chaque semaine.

A terme, vous allez donc pouvoir créer du contenu en masse de grande qualité plus vite que n'importe qui d'autre.

Vous allez ainsi voir affluer des centaines de visiteurs par jour sur votre site grâce aux nombreux nouveaux articles, vidéos ou produits que vous allez créer, et qui sont autant de points d'entrée pour rendre visible votre blog par exemple dans les résultats de recherche organique de Google.

Vous allez aussi voir vos revenus décoller avec tous ces nouveaux produits que vous allez pouvoir créer massivement, contrairement à la grande majorité qui stagne financièrement en n'ayant que deux ou trois produits à vendre.

Comme vous l'avez vu ici, tout ça n'est pourtant qu'une simple question de méthode et n'est vraiment pas compliqué à mettre en place, quand on sait comment s'y prendre.

Je vous envoie donc tous mes voeux de succès avec la création de contenu, et vous retrouve probablement très bientôt dans une prochaine formation.

A PROPOS DE L'AUTEUR.

Rémy Roulier est un ancien ingénieur informatique et responsable marketing dans une multinationale.

Il est aujourd'hui auteur best-seller, digital nomad et voyage partout dans le monde, ayant acquis depuis plus de dix ans une véritable expertise dans le marketing internet et le développement personnel.

Il partage aujourd'hui ses outils et son expérience pour permettre aux autres d'atteindre également leur indépendance financière et de façonner leur vie telle qu'ils la désirent vraiment.

CRÉATIONS DU MÊME AUTEUR.

Voici aussi quelques autres de mes créations qui peuvent vous servir :

CREER UN BLOG VIDEO SANS SE RUINER:
LA METHODE COMPLETE POUR CREER UN VLOG PRO (EQUIPEMENT, DISCOURS, TOURNAGE, MONTAGE, VIDEO, DIFFUSION) SANS SE RUINER.
Tout ce que vous devez savoir pour créer un blog vidéo de qualité professionnelle le plus facilement possible, même si vous avez peu ou pas de budget. Laissez-vous guider totalement de l'équipement à la diffusion, et voyez des milliers de fans s'agglutiner et vos ventes exploser par vos vidéos irrésistibles.

ECRIRE UNE PAGE DE VENTE HYPNOTIQUE:
54 MINUTES CHRONO POUR ECRIRE FACILEMENT UN ARGUMENTAIRE DE VENTE FASCINANT ET VENDRE SUR INTERNET COMME UN PRO DU COPYWRITING HYPNOTIQUE.
Une méthode clés-en-main pour écrire facilement une page de vente hypnotique, et en seulement 54 min. Bien plus puissante que le copywriting ordinaire, utilisez-là pour "forcer" vos clients à acheter vos produits en les plongeant dans un état de transe hypnotique.

CREER UNE LANDING PAGE QUI CONVERTI:
TRIPLEZ VOS VENTES, EXPLOSEZ VOTRE MAILING LIST EN MOINS DE 15
MINUTES AVEC UNE SQUEEZE PAGE OPTIMISEE.
Une méthode complète pour créer une landing page en partant de rien et obtenir d'entrée de jeu des taux de conversion records à rendre jaloux les meilleurs marketeurs. Evitez les mois de tâtonnements interminables et les centaines d'euros dépensés pour trouver la meilleure version, en prenant ce raccourci tout de suite.

VENDRE EN VIDEO COMME UN PRO:
LA NOUVELLE FAÇON LA PLUS SIMPLE ET RAPIDE DE CREER UNE VIDEO DE
VENTE ET PAGE DE VENTE VIDEO QUI CONVERTI.
Découvrez un système complet et unique en pas-à-pas pour réaliser des vidéos de vente en partant de rien. De l'équipement à la création de votre argumentaire de vente, en passant par les techniques pour amener de la présence et pour minimiser votre temps de montage vidéo, vous saurez comment obtenir des taux de conversion record dignes des meilleurs marketeurs, de la manière la plus simple, rapide, et sans vous ruiner.

TUNNELS DE VENTE SOCIAUX:
GAGNER DE L'ARGENT SUR INTERNET ET DEVENIR RICHE AUJOURD'HUI
APRES L'EXPLOSION DES RESEAUX SOCIAUX (FACEBOOK, TWITTER...) ET
YOUTUBE.

Une véritable plongée dans la psychologie de l'acheteur d'aujourd'hui et une méthode pratique qui vous permet de créer un tunnel de vente tel qui fonctionne après l'explosion des réseaux sociaux. Convertissez ainsi sans peine vos prospects en clients, en acheteurs multiples, en fans et en véritables ambassadeurs de vos produits auprès de leur amis pour étendre votre notoriété comme une trainée de poudre.

GERER SES EMOTIONS FACILEMENT:
LA MAITRISE DE SOI FACILE POUR MOBILISER SES CAPACITES (MOTIVATION, CONFIANCE EN SOI...) A VOLONTE, INSTANTANEMENT.
Ne plus être esclave de vos états intérieurs (colère, stress, jalousie etc.) n'aura jamais été aussi facile et rapide qu'avec cette méthode qui va vous permettre de retrouver une parfaite maitrise de soi et de mobiliser instantanément n'importe qu'elle capacité.

TROUVER UNE NICHE LUCRATIVE SANS SE TROMPER:
LA NOUVELLE DEMARCHE POUR CREER UN BLOG DANS UN MARCHE DE NICHE ULTRA RENTABLE ET DEVENIR RICHE DU 1er COUP.
Tout ce qu'il vous faut pour bien choisir votre marché de niche pour être sûr de réussir, et ne pas commettre les erreurs des débutants qui se retrouvent ruinés au bout de 6 mois ou 1 an car ils ont choisi leur marché de niche en se basant sur les mauvais critères.
Cliquez sur la couverture pour y accéder sur Amazon.fr:

LA COMMUNICATION EFFICACE EN 60 MINUTES CHRONO:
DECOUVREZ LES TECHNIQUES SECRETES DE LA COMMUNICATION VERBALE ET
NON VERBALE POUR BRILLER DES CE SOIR.

Devenez un pro de la communication dans tous ses aspects, aussi bien verbale que non verbale, en seulement 60 minutes chrono. Une solution clés-en-main, facile, pour résoudre définitivement tous vos problèmes de communication sans y passer des mois ou des années!

LA MEMOIRE FACILE INSTANTANEE:
AMELIORER SA MEMOIRE, MEMORISER COMME UN CHAMPION DES CE
SOIR SANS RIEN OUBLIER ET SANS EFFORTS.

Des exercices et stratégies faciles qui vont vous permettre d'utiliser vos différentes mémoires à plein régime et mémoriser sans peine autant d'informations que vous voulez...instantanément et sans les oublier, comme le font les champions de la mémorisation.

TITRES QUI VENDENT:
DANS 47 MINUTES VOUS ECRIREZ DES TITRES FACEBOOK, ADWORDS,
BLOG, PAGE DE VENTE, EMAIL COMME UN PRO DU COPYWRITING!
Découvrez les secrets et les 101 meilleurs templates pour créer des titres chocs qui vont vous rapporter (très) gros, et acquérir les compétences des meilleurs copywriters en seulement 47 minutes!

VAINCRE SA TIMIDITE:
LA METHODE CHOC DES EXPERTS EN CONFIANCE EN SOIR POUR SORTIR
DE L'ENFER DE LA TIMIDITE FACILEMENT ET RAPIDEMENT.
Enfin une méthode pas-à-pas qui vous permet de vous libérer de votre timidité pour toujours, et d'obtenir ce magnétisme personnel que vous avez peut-être toujours cru réservé aux autres, tout ça rapidement et facilement.

SYSTEME AFFILIATION:
LA NOUVELLE FAÇON POUR ENFIN VIVRE DE SON BLOG PAR
L'AFFILIATION ET DEVENIR RICHE SANS CRÉER UN SEULPRODUIT.

Ce redoutable système d'affiliation est la preuve que l'affiliation fonctionne toujours à merveille pour les rares initiés qui savent l'utiliser de la bonne manière. Mettez enfin en place en seulement quelques jours une véritable machine à générer des revenus passifs sans jamais avoir à créer le moindre produit ni vous occuper du service après vente.

ECRIRE UN EBOOK IRRESISTIBLE EN UN WEEK-END:
LA NOUVELLE METHODE POUR ECRIRE UN LIVRE QUE LES LECTEURS
ADORENT, PRET A VENDRE LUNDI MATIN.

Laissez-vous guider par une procédure simple et d'une efficacité redoutable pour créer en seulement un week-end un ebook que les gens vont s'arracher, même si vous n'êtes pas expert dans un domaine.

DEVENIR RICHE EN 42 JOURS:
LA METHODE PAS-A-PAS POUR.GAGNER DE L'ARGENT SUR INTERNET ET
VIVRE SES REVES EN PARTANT DE RIEN.

Une méthode prouvée qui vous guide pas-à-pas et vous permet d'atteindre votre indépendance financière en 42 jours grâce à Internet, même si vous démarrez actuellement de rien. Un must à ne pas manquer.

COMMENT SE CONCENTRER COMME EINSTEIN:
LE SECRET DES ETUDIANTS PARESSEUX POUR DECUPLER LA CONCENTRATION ET
LA MEMOIRE AVEC LA TECHNIQUE DU DOCTEUR VITTOZ.
Ce best seller dans le top 100 des meilleures ventes d'Amazon vous montrera la technique jadis utilisée par Einstein qui vous donnera le pouvoir de vous concentrer sur ce que vous voulez aussi longtemps que vous voulez.

COMMENT REUSSIR VOS EXAMENS:
LE POUVOIR INEGALE DE LA DYNAMIQUE MENTALE POUR FINIR PREMIER DANS VOS ETUDES ET EXAMENS EN ETANT PARESSEUX.
Réussissez dès maintenant vos examens et vos études en découvrant la technique secrète utilisée par les plus grands sportifs internationaux. Spécialement adaptée ici à la réussite aux examens par des médecins et psychologues, elle vous propulsera parmi les meilleurs étudiants sans avoir à étudier davantage.

ACUPRESSION DE SECOURS:
SUPPRIMEZ IMMEDIATEMENT LE STRESS, LE MAL DE TETE, LE TROU DE
MEMOIRE PENDANT UN EXAMEN AVEC VOTRE DOIGT.

Soulagez vos douleurs et malaises immédiatement dès que vous en avez besoin et empêchez-les de vous faire rater un oral, un examen ou tout moment important de votre vie. 100% pratique, très clair et simple, ce livre est très certainement le meilleur investissement que vous puissiez faire pour votre santé et votre succès.

LA LECTURE RAPIDE EN 60 MINUTES CHRONO:
DOUBLER (OU TRIPLER) VOTRE VITESSE DE LECTURE N'A JAMAIS ÉTÉ
AUSSI FACILE!

Utilisez les meilleures techniques des lecteurs les plus rapides pour augmenter votre vitesse de lecture de 100% dès aujourd'hui.

LA RELAXATION ZEN PROFONDE:
LA VOIE ROYALE POUR LA LIBERATION EMOTIONNELLE ET LE LACHER PRISE.

L'outil parfait pour aborder les situations du quotidien sereinement, et reprendre le contrôle de votre vie et de vos émotions dans le lacher prise.

NUTRITION DETOX:
BIEN MANGER POUR UNE VIE DE PURE ENERGIE, FORME ET SANTE.

Plus jamais vous ne vous empoisonnerez à la malbouffe, et apprendrez les principes alimentaires qui vous redonnerons une énergie et une qualité de santé au-delà de vos espérances tout en vous faisant économiser des dizaines d'euros tous les mois.

LE MIND MAPPING FACILE:
MEILLEURE MEMOIRE, PRISE DE NOTE RAPIDE, BRAINSTORMING, GESTION DE PROJET SANS EFFORT AVEC LES MIND MAPS.

Le Mind Map (ou carte heuristique) va révolutionner votre vie et votre mémoire en termes gain de temps, d'organisation et d'efficacité par un système puissant et redoutable de prise de notes et d'organisation de l'information autour de diagrammes basés sur la manière naturelle dont fonctionne votre cerveau. Un outil à posséder absolument.

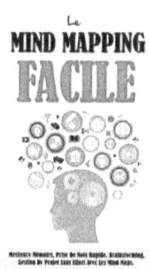

L'ANGLAIS FACILE AVEC LE MIND MAPPING:
COMMENT APPRENDRE L'ANGLAIS ET N'IMPORTE QUELLE LANGUE
RAPIDEMENT SANS JAMAIS L'OUBLIER.

Si vous avez toujours eu du mal avec les langues ou que vous souhaitiez apprendre l'Anglais facilement et rapidement, cette méthode innovante basée sur le Mind Mapping va très certainement vous y aider.

L'ESPAGNOL FACILE AVEC LE MIND MAPPING:
COMMENT APPRENDRE L'ESPAGNOL ET N'IMPORTE QUELLE LANGUE
RAPIDEMENT SANS JAMAIS L'OUBLIER.

La même chose que pour l'Anglais, mais cette fois c'est plutôt si vous souhaitez vous rendre là où les gens parlent Espagnol et apprendre cette langue facilement et rapidement à l'aide du Mind Mapping.

COMMENT SAUVER SON COUPLE EN UNE HEURE:
LA NOUVELLE MANIERE POUR EVITER LA RUPTURE AMOUREUSE ET
CREER UNE PASSION AMOUREUSE INTENSE.

Avant de penser à rompre, découvrez d'abord ce programme qui a déjà sauvé la relation amoureuse de plusieurs milliers de couples et évité de grandes souffrances de rupture, en seulement une heure.

71

www.ingramcontent.com/pod-product-compliance
Lightning Source LLC
Chambersburg PA
CBHW071624170526
45166CB00003B/1186